Patrice Ras

Caderno de exercícios para

gestão de conflitos

Ilustrações de Jean Augagneur

Tradução de Francisco M

EDITORA VOZES

Petrópolis

© Éditions Jouvence S.A., 2014.
Chemin du Guillon 20
Case 143
CH-1233 — Bernex
http://www.editions-jouvence.com
info@editions-jouvence.com

Tradução realizada a partir do original em francês intitulado *Petit cahier d'exercices de gestion des conflits*

Direitos de publicação em língua portuguesa — Brasil:
2017, Editora Vozes Ltda.
Rua Frei Luís, 100
25689-900 Petrópolis, RJ
www.vozes.com.br
Brasil

Editoração: Leonardo A.R.T. dos Santos
Projeto gráfico: Éditions Jouvence
Diagramação: Sheilandre Desenv. Gráfico
Revisão gráfica: Fernando Sergio Olivetti da Rocha
Capa/ilustrações: Jean Augagneur
Arte-finalização: Editora Vozes

ISBN 978-85-326-5644-5 (Brasil)
ISBN 978-2-88911-494-8 (Suíça)

Este livro foi composto e impresso pela Editora Vozes Ltda.

Dados Internacionais de Catalogação na Publicação (CIP)
(Câmara Brasileira do Livro, SP, Brasil)

Ras, Patrice
Caderno de exercícios para gestão de conflitos / Patrice Ras ; ilustrações de Jean Augagneur ; tradução de Francisco Morás. — Petrópolis, RJ : Vozes, 2017. — (Coleção Praticando o Bem-estar)

Título original: Petit cahier d'exercices de gestion des conflits

8ª reimpressão, 2024.

ISBN 978-85-326-5644-5

1. Administração de conflitos 2. Conflito (Psicologia) 3. Conflitos interpessoais 4. Psicologia social I. Augagneur, Jean. II. Título. III. Série.

17-08634   CDD-303.69

Índices para catálogo sistemático:
1. Administração de conflitos : Sociologia   303.69

Introdução

POSSO PARTICIPAR?

Comecemos por duas perguntas:

	Sim	Não
1) Você gosta dos conflitos?	☐	☐
2) Você tem conflitos?	☐	☐

Se você é normal, respondeu NÃO à primeira questão e SIM à segunda... como 95% das pessoas...

Ninguém ama os conflitos, mas todos nós os temos...

Como você explica este paradoxo? Sua resposta:

....

....

....

Lá se vão trinta anos desde que nós nos pusemos esta questão. Ela foi o ponto de partida de uma pesquisa emocionante, a respeito do homo conflictus, este desconhecido...

A pesquisa nos levou a refletir, a questionar, a modelar o conflito, e, em seguida, a buscar e a testar soluções. Assim, chegamos a certos estágios da gestão de conflitos, o que nos permitiu continuar a progredir, mas, sobretudo, a verificar a pertinência de nosso modelo e a eficácia de suas soluções...

Você encontrará aqui alguns de nossos exercícios mais poderosos. Esperamos que eles (o, a) ajudem não a eliminar os conflitos (o que não é nem desejável nem possível), mas a vivê-los de forma muito mais serena.

Divirta-se!

Exercício: frases

Escolha a frase que melhor corresponda à sua ideia de conflito.

"Os magistrados mais competentes e mais íntegros geralmente são incapazes de resolver os seus próprios conflitos familiares."

Jiang Zilong, La Vie aux mille couleurs

"O que admitimos como paz não passa de um armistício entre os conflitos: o planeta está repleto, sangra, e não saberia viver sem esta violência."

Jean Cocteau

"Devemos insistir em reduzir os conflitos, mas não em suprimi-los. Em uma sociedade aberta, a existência deles é essencial."

Karl Popper

4

"O homem não conhece o homem; daí os conflitos que destroem o mundo."

Amiel-Lapeyre

"Não se surpreenda se os outros nem sempre agem como você gostaria que agissem. Pois nem você mesmo sempre age como gostaria."

Anônimo

"A razão pela qual acontecem os desentendimentos raramente é tão grave quanto o mal-estar que eles provocam."

Anônimo

"O primeiro que se calar diante de uma discussão é o mais digno de louvores."

Provérbio hebraico

"Um silêncio oportuno vale mais do que uma discussão desastrada."

Provérbio russo

"Se jamais perdoássemos, brevemente não veríamos mais ninguém."

Alfred Capus

Escreva sua própria frase:

. . . .

. . . .

. . . .

. . . .

TESTE SOBRE O CONFLITO

(várias respostas possíveis)

1) O que é um conflito?

☐ A guerra

☐ A raiva

☐ Uma diferença de pontos de vista

☐ Uma relação bloqueada

☐ Uma história de ego

☐ Um processo destrutivo

☐ Um desacordo persistente

☐ Uma dança fúnebre

☐ Um pátio de recreio

☐ O erro do outro

☐ Uma equação de segundo grau em X

2) Para que servem os conflitos?

☐ Para nada

☐ Para arrebentar um abscesso

☐ Para confrontar-se

☐ Para afirmar-se

☐ Para manipular

☐ Para pôr as coisas no lugar

☐ Para comunicar-se

☐ Para aliviar o que vai mal

☐ Para negociar

☐ Para dominar/impor

☐ Para ficar doente

☐ Para jogar bola de gude... com dados

3) As causas do conflito são:

☐ Uma falta de comunicação

☐ O ego

☐ Interesses divergentes

☐ Uma incompatibilidade

☐ Pontos de vista diferentes

☐ Ninguém quer ceder

☐ Personalidades diferentes

☐ O desejo de ter razão

☐ Uma doença mental

☐ A luta de classes

4) Por que é tão difícil conter um conflito?

- [ ] Má-fé das pessoas
- [ ] Ele explode de repente
- [ ] Porque o homem descende do macaco
- [ ] Ele se autoalimenta
- [ ] As pessoas são doentes
- [ ] Ele evolui muito rapidamente
- [ ] Não estamos preparados
- [ ] É um processo
- [ ] Ninguém o deseja
- [ ] Ele evolui sozinho

5) O conflito se parece com...

- [ ] Uma bomba atômica
- [ ] Um incêndio
- [ ] Uma doença
- [ ] Uma gravidez
- [ ] Uma reação em cadeia
- [ ] Um arrebatamento amoroso
- [ ] Um átomo de hidrogênio
- [ ] Um orgasmo

6) Os diferentes tipos de conflitos

- [ ] Conflitos de mau caráter
- [ ] Conflitos latentes
- [ ] Conflitos de interesse
- [ ] Conflitos de ego
- [ ] Conflitos de pessoas
- [ ] Conflitos mistos
- [ ] Conflitos de valores
- [ ] Conflitos sociais
- [ ] Conflitos familiares
- [ ] Conflitos raciais
- [ ] Rivalidades
- [ ] Competições

7) As fases do conflito são:

- [ ] A tomada de consciência
- [ ] O não retorno
- [ ] O arrebatamento
- [ ] O desencadeamento
- [ ] A resolução
- [ ] A instauração
- [ ] A explosão

8) Coloque as frases do exercício 7 em ordem:

Escreva de 1 a 7 sobre os quadradinhos do exercício 7 acima.

Respostas ao teste sobre o conflito

1) O que é um conflito?

As boas respostas são: uma relação bloqueada, uma história de ego, um processo destrutivo, um desacordo persistente, uma dança fúnebre, um pátio de recreio.

Algumas respostas são incompletas ou insuficientes: a guerra (uma forma de conflito coletivo), a raiva (o sentimento associado a determinados conflitos), uma diferença de pontos de vista: pode ser uma das causas do conflito.

As respostas ruins são: o erro do outro (reação do ego), uma equação de segundo grau em x (resposta maluca).

2) Para que servem os conflitos?

Todas as respostas são exatas, exceto "para jogar bola de gude... com dados", "para ficar doente" (é uma de suas consequências) e "para nada". (Por que existiriam então?)

• Os conflitos servem, pois, para muitas coisas: para arrebentar um abscesso, confrontar-se, afirmar-se, manipular, pôr as coisas no lugar, comunicar-se, aliviar o que vai mal, negociar, dominar/impor e às vezes passar o tempo.

3) As causas do conflito

Todas as respostas estão certas, exceto "a luta de classes", que é uma forma de conflito (social). As causas do conflito podem ser: uma má comunicação, interesses divergentes, pontos de vista diferentes, personalidades diferentes, uma incompatibilidade qualquer.

• A verdadeira causa é: o ego, a pessoa não quer ceder e deseja ter razão (três vezes a mesma coisa).

4) Por que é tão difícil de conter um conflito?

Todas as respostas são exatas, exceto "o homem descende do macaco". Mas a verdadeira explicação é sua natureza processual, da qual decorrem todas as outras causas: ele evolui sozinho e muito rapidamente, ele se autoalimenta, ele explode de repente, não estamos preparados.

• Por outro lado, podemos considerar que as pessoas são "doentes" (ego), "drogadas", de má-fé e "viciadas" no conflito.

5) O conflito se parece com...

Todas as respostas estão certas, exceto "um átomo de hidrogênio", pois sempre se trata de processos: uma bomba atômica, um incêndio, uma doença, uma gravidez, uma reação em cadeia, um orgasmo ou um arrebatamento amoroso.

6) Os diferentes tipos de conflitos...

• Exceto o "mau caráter", todas as respostas são boas e cruzam domínios ligados a conflitos de interesses, de ego, raciais...

• Os conflitos latentes, as rivalidades e as competições correspondem melhor a formas de conflitos.

7 e 8) As fases do conflito são, nesta ordem:

1. A instauração;

2. O desencadeamento;

3. A tomada de consciência;

4. O arrebatamento;

5. A resolução;

6. O não retorno;

7. A explosão.

Os custos e benefícios do conflito

Exercício: Os custos de um conflito?

Procure e encontre o máximo de coisas que lhe custam um conflito.

....

....

....

....

....

....

....

Exercício: Os benefícios (ocultos) de um conflito?

Procure e encontre o máximo de coisas que lhe proporciona um conflito.

....

....

....

....

....

....

Sua conclusão:

....

....

Solução ao exercício sobre os custos de um conflito da p. 9:

Eis os custos mais frequentes de um conflito: prazer/alegria, energia, liberdade, poder, comunicação, amizade, amor, tranquilidade/serenidade, sono, saúde, resultados, tempo, vida, felicidade.

Solução ao exercício sobre os benefícios (ocultos) de um conflito:

Eis os benefícios mais frequentes de um conflito: poder, sentimento de importância, autoestima, deter a verdade, valorização da própria imagem, ser reconhecido(a), descarregar sua agressividade e seu estresse, ter desculpas, ter razão/ter a última palavra.

Conclusão: os custos são numerosos e pesados, os benefícios magros e superficiais (ego).

O processo

O conflito é um processo, e é por isso que é tão difícil de contê-lo... Um processo é uma dinâmica ascendente autônoma. Em outras palavras: **quanto mais desanda, tanto mais rapidamente se propaga...**

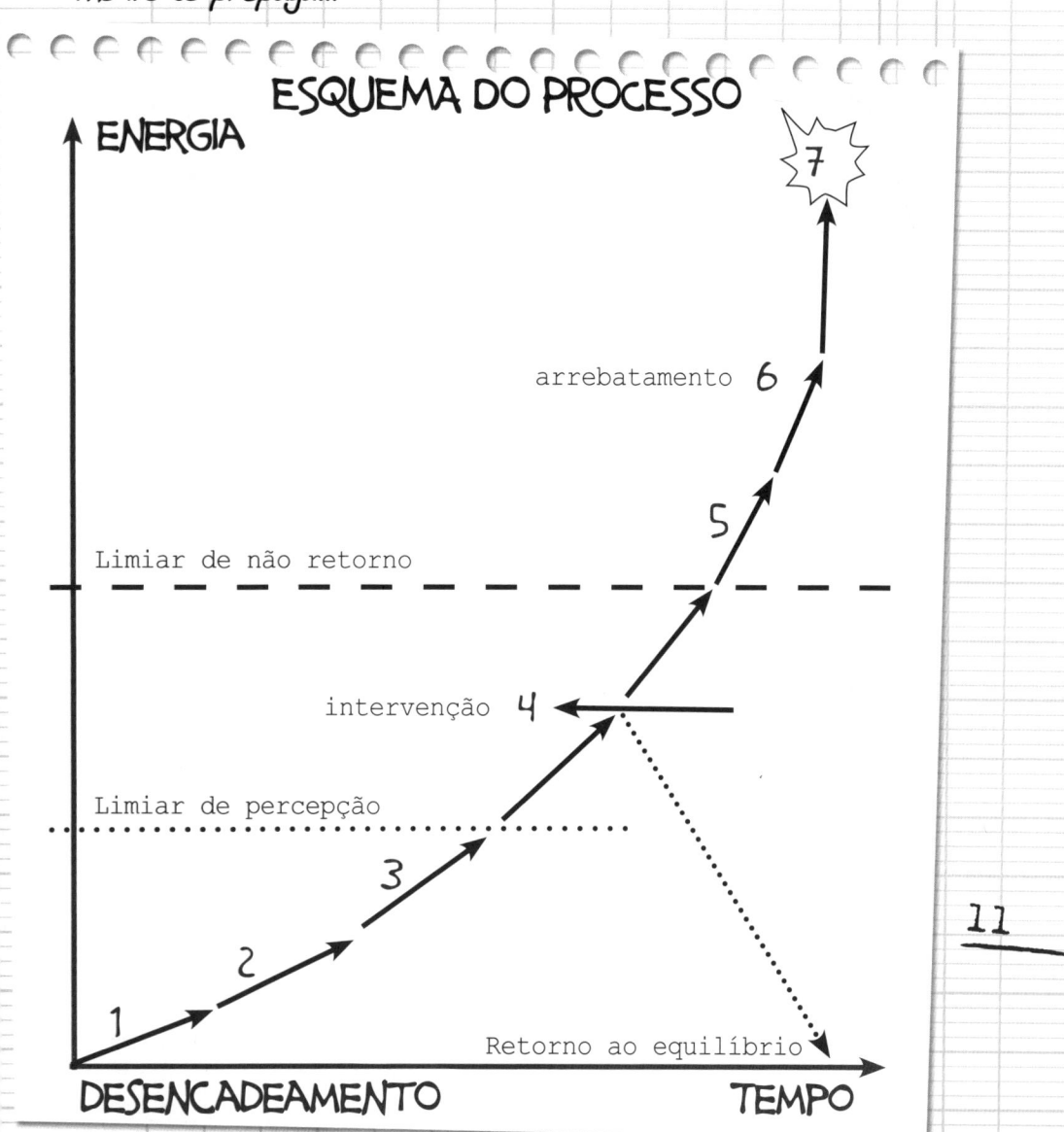

ESQUEMA DO PROCESSO

ENERGIA

7

arrebatamento 6

5

Limiar de não retorno

intervenção 4

Limiar de percepção

3

2

1

Retorno ao equilíbrio

DESENCADEAMENTO

TEMPO

Comentário sobre o esquema:

Um processo comporta **etapas** que se entrelaçam:

1) Desencadeamento: o processo começa de forma insignificante, quase invisível, em razão de uma bobagem qualquer.
2) Sem reação, ele continua no embalo e acelera, pois a velocidade se acumula com a inércia.
3) A partir de um determinado limiar, o processo se torna visível.
4) Desde então, você pode intervir para conter o processo.
5) Esta intervenção é possível até certo ponto, o ponto de não retorno.
6) Depois disso, o processo se acelera e nada mais pode detê-lo.
7) Finalmente, ele termina em uma "explosão".

Conclusão

A partir do momento em que você adquirir consciência do processo, **REAJA**!
Pois, quanto mais você espera, mais difícil será contê-lo.

Exercício: o processo

Imagine um processo (incêndio, doença ou outro).

• Como você pode aumentar sua margem de intervenção?

....

....

• Sobre qual limiar você pode intervir?

....

....

• Em qual etapa do processo é mais fácil de contê-lo?

....

....

• Que conclusão você tira sobre a gestão do processo?

....

....

• Qual é a particularidade do conflito (como processo)? Em que ele é diferente de todos os outros processos?

....

....

Solução do exercício

• A única maneira de aumentar a sua margem de intervenção consiste em "afastar" os limiares.

• O único limiar que você pode deslocar é o limiar de percepção (que você pode abaixar), pois ele depende de você. Mas o limiar de não retorno depende do processo, não de você.

• É mais fácil conter o processo em seu início (embaixo), pois sua energia e sua velocidade são fracas.

• A conclusão se impõe por si mesma: é preciso intervir o quanto antes possível; mais vale prevenir do que remediar!

• A particularidade do conflito (como processo) é sua interatividade: ele envolve, no mínimo, duas pessoas (como em uma dança). Existem, pois, dois processos paralelos: o processo externo (da escalada) e o processo interno (emocional) junto a cada protagonista.

> *"As pessoas gozam das crianças que justificam seus erros por este choramingo:*
> *'Foi ele quem começou!'*
> *Ora, nenhum conflito adulto encontra sua gênese alhures."*
>
> Amélie Nothomb, *Le Sabotage amoureux*

Processo da escalada

Comentário sobre o esquema da página precedente

A e B estão em relação (simbolizada pela linha horizontal).

A diz ou faz alguma coisa que "agride" B.

B está, portanto, frustrado e, ao reagir, agride (um pouco) A.

A está, portanto, frustrado e, ao reagir, agride (um pouco mais) B.

Ninguém quer ceder. A frustração aumenta e as agressões aumentam a cada intercâmbio...

O processo toma velocidade, as reações se tornam automáticas. Em determinado momento, um deles ultrapassa os limites do outro (integridade física). É o **clash** (violência).

Observação importante

As agressões são reais (insultos, golpes) ou imaginárias. A maior parte do tempo, elas são imaginadas (interpretadas). Infelizmente, o que conta (em um conflito) não é a realidade, mas o que cada interlocutor sente, portanto, sua interpretação... Tudo acontece como se cada um se desse um "direito de legítima defesa", portanto, de agredir o outro com represálias. Mas é sempre o outro que começou...

> *"A briga alimenta a briga e engole os que nela mergulham."*
>
> Sêneca

O processo emocional (interno) do conflito

CONFLITO

6 Violência

5 Agressão

4 Cólera

3 Decepção   3 Frustração   3 Satisfação

2 Desejo(s)

1 Necessidade(s)   Volta ao equilíbrio

PAZ   TEMPO

Comentário sobre o esquema da página precedente

1) Inicialmente, temos necessidades que nos arrancam de nosso equilíbrio (relativo).

2) Estas necessidades (sede, fome, segurança, reconhecimento...) se transformam em desejos (de água, de uma pizza, de um CDI, de tal diploma...).

3) Alguns desejos são satisfeitos, mas nem todos: sentimos então decepção ou **frustração**. A decepção é uma reação de aceitação e de tristeza, ao passo que a frustração é uma reação de recusa, que tende para a cólera.

4) Esta frustração pode desaparecer ou se transformar em cólera*.

5) Esta cólera pode desaparecer ou se transformar em agressão*.

6) A agressão pode desaparecer ou se transformar em violência*.

O conflito começa realmente com a agressão. Qualquer pessoa pode sentir-se agredida por qualquer coisa: uma palavra, um gesto, uma ausência de saudação etc.

A cólera não é perigosa, mas aquele que a recebe não deve "assumi-la" contra si... (Acordo "tolteca": "Jamais leve as coisas de maneira pessoal".) Fácil de dizer...

A frustração é normal e necessária (somente os loucos, os criminosos e as crianças não a aceitam), mas ela se

---

* Se (ainda) nos frustramos.

acumula perigosamente e contribui para fazer-nos "subir" ao processo do conflito. É o nó do conflito: Por que aceitamos "deixar para lá" (decepção) ou não (frustração)?

A origem da frustração

A frustração é desencadeada por um acontecimento que contraria os nossos desejos. É a parte consciente e visível do processo, mas ela é insuficiente para explicar a razão pela qual o mesmo acontecimento frustra algumas pessoas e outras não?

Este fenômeno se explica assim: pressupomos que algo não deveria ter acontecido conosco. Como se tivéssemos o "direito" de satisfazer este desejo e como se os outros devessem respeitar este direito (imaginário).

Exemplo: alguém dá um esbarrão em você e não se desculpa...
Você só fica frustrad(a) se acreditar que aquela pessoa não
devia ter esbarrado em você e que ela "deveria" se desculpar.
O seu sofrimento é proporcional à sua exigência.

> *"Nós sempre procuramos estabelecer uma ponte entre o que é e o que deveria ser; e com isso criamos um estado de contradição e de conflito onde se perdem todas as energias."*
>
> Krishnamurti

| Desencadeador | Um fato: olhar, palavra, gesto, esquecimento... |

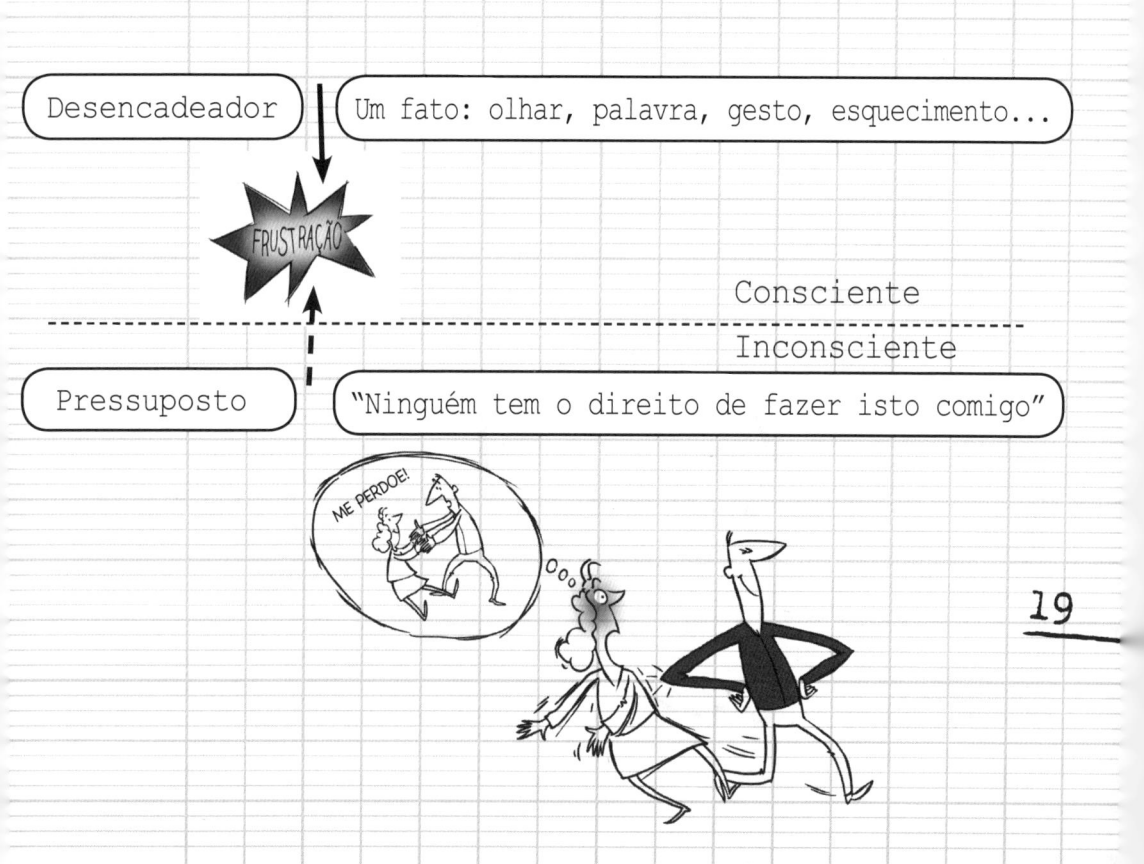

FRUSTRAÇÃO

Consciente
- -
Inconsciente

| Pressuposto | "Ninguém tem o direito de fazer isto comigo" |

ME PERDOE!

Oooo

Exercício: os desencadeadores (1)

Elabore uma lista de tudo o que lhe é
insuportável. Se você tem dificuldade de
responder, passe em revista cada pessoa e
cada tipo de pessoa. Se você não souber,
passe para a página seguinte.

- ....
- ....
- ....
- ....
- ....
- ....
- ....
- ....
- ....
- ....
- ....
- ....
- ....

Qual é a sua conclusão?

....
....

Exercício: os desencadeadores (2)

Eis uma lista de exemplos de desencadeadores. Assinale os que lhe correspondem.

☐ Os que me questionam

☐ Os que me criticam

☐ Os que criticam meus próximos (família, amigos, relações etc.)

☐ Os que "atacam" minha imagem (aparência, físico, corpo, estilo)

☐ Os que não concordam comigo (opiniões)

☐ Algo ou alguém que me incomoda

☐ Os que não me dão o que eu quero

☐ Os que me tiram o que eu possuo

☐ Os que não me explicam o sentido/a razão de uma ação

☐ Os que lesam meus direitos

☐ Os que não me dão o que deveriam

☐ Os que não me escutam/me cortam a palavra

☐ Os que me manipulam (chantagem, por exemplo)

☐ Os que não reconhecem (o que faço, digo, penso etc.)

☐ Os que limitam minha liberdade/me impõem alguma coisa

☐ Os que não me respeitam

☐ Os que gozam de mim/me ridicularizam

☐ Os que me impedem de agir, de me expressar, de ser etc.

☐ Os que me contrariam (mudanças, dificuldades, atrasos...)

☐ Os que não me dão razão

O que você conclui disto?

....

....

Exercício: os pressupostos (1)

Elabore uma lista daquilo que você cobra dos outros (e de você). Se você tem dificuldade em responder, examine cada pessoa e cada tipo de pessoa.

- ....
- ....
- ....
- ....
- ....
- ....
- ....
- ....
- ....
- ....
- ....
- ....
- ....
- ....
- ....

Qual é a sua conclusão?

....

....

Exercício: os pressupostos (2)

Eis uma lista de exemplos de pressupostos (o inverso exato dos desencadeadores). Assinale os que lhe concernem.

☐ Meus pais me devem o amor

☐ Meu parceiro(a) me deve a fidelidade e... me fazer feliz

☐ Meus filhos me devem respeito e obediência

☐ Meus amigos me devem escuta e compreensão

☐ Meus irmãos ou irmãs me devem ajuda

☐ Meu patrão me deve um salário e o reconhecimento

☐ A sociedade deve satisfazer (todas) as minhas necessidades

☐ Meu terapeuta deve ajudar-me

☐ Os jornalistas me devem (toda) a verdade

☐ Os políticos me devem a mudança

☐ Meus próximos devem aceitar minha personalidade

☐ A justiça deve (sempre) decidir em meu favor

☐ Os balconistas me devem sorrir e ser amáveis comigo

☐ Os policiais devem ser compreensivos comigo

☐ Os professores devem me(nos) fazer progredir

☐ Os outros (todos os outros) me devem respeito

☐ Eles me devem a integridade (respeito de engajamento)

☐ Os médicos me devem a cura

☐ Os aparelhos não devem parar de funcionar jamais

☐ O tempo deve ser perfeito para mim (sol nos fins de semana...)

☐ Deus me deve a justiça

☐ Meu anjo deve velar sobre mim dia e noite

☐ A vida me deve uma explicação (um sentido)

☐ Quanto a mim, devo ser perfeito(a) (em todas as circunstâncias)

Qual é a sua conclusão? Para você, de onde vêm os pressupostos?

. . . .

A origem dos pressupostos: a TPI

Freud começou sua carreira em pediatria e descobriu que crescer é uma grande prova: tivemos de renunciar progressivamente a todos os nossos privilégios, pois, durante nove meses, fomos servidos como reis: recebíamos tudo o que precisávamos, sem nada fazer nem nada pedir. Era o paraíso... mas ele se foi!

Infelizmente, ao nascer descobrimos a carência e o sofrimento e temos de respirar por nós mesmos (...), além de ter de chorar para obter satisfação. Certas mães (ou famílias) são centradas em nós, mas elas não estão sempre presentes, nem disponíveis nem capazes de nos satisfazer imediatamente.

Somos todos, pois, reis decadentes: ao crescer, nos retiram todos os privilégios; mal aprendemos a falar, e nos obrigam a pedir; mal aprendemos a caminhar, e nos mandam buscar alguma coisa etc. A infância é um processo de luto ininterrupto... até a chegada da maturidade.

Queiramos ou não, acabamos aceitando este processo (teríamos outra escolha?), impulsionados por certas necessidades (liberdade, realização, controle...), pois com isso ganhamos a autonomia e o poder. Mas o preço a ser pago é pesado: a perda de todos os nossos privilégios e de nossa posição central ("o centro do mundo").

Na realidade, nós nunca aceitamos a perda de nossos privilégios (ninguém a aceita), tanto mais que eles constituíam nossa situação inicial, portanto, normal. A TPI (**Toute-Puissance Infantile** = Onipotência infantil), é este sentimento de que tudo nos é devido, de que o mundo e os outros estão ao nosso serviço. Seria uma droga muito pesada?

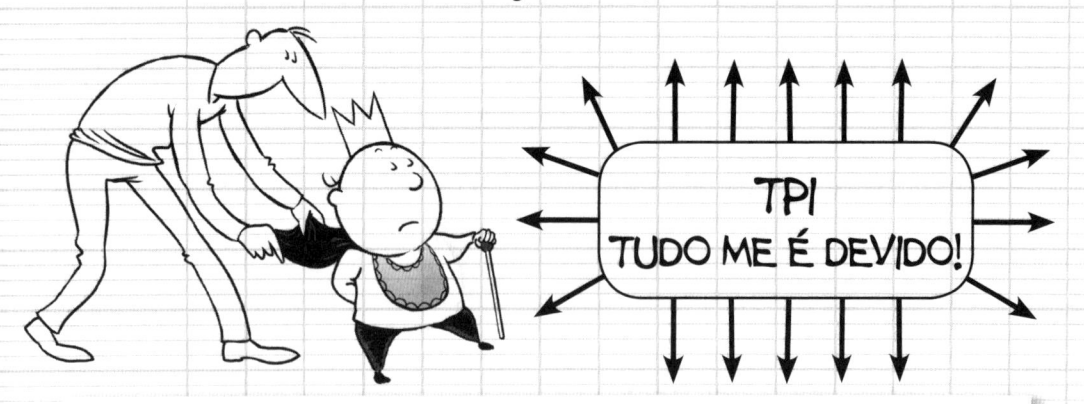

Exercício: desenhe a sua TPI

A TPI é uma emanação do ego constituída de todos os nossos pressupostos. Ela varia, pois, de pessoa a pessoa, e de uma cultura à outra... Divirta-se em desenhar a sua TPI (segundo o modelo acima), e eventualmente a de seus conhecidos... Mas com a permissão deles, já que mexer com o ego frequentemente é explosivo...

A Fênix

Todo acontecimento de nossa vida que coloque um fim a uma situação conhecida nos põe de frente com a morte. Realidades tão diferentes como a passagem de uma a outra etapa da vida, de um período de alegria ou mal-estar de uma relação, de perda de um ente querido, de uma doença, de um acidente, ou simplesmente quando os filhos deixam o lar: todas estas experiências são verdadeiramente experiências de morte. Em um primeiro momento ficamos atordoados, sem compreender os porquês, muito embora a terra continue girando como se nada tivesse acontecido. O peso do sofrimento em seguida nos sufoca, nos abandonando ao terrível face a face com o inaceitável, sem podermos compartilhar esta experiência com ninguém, já que cada pessoa vive suas próprias vicissitudes. Assim, as trevas solitárias de um longo túnel nos devoram, da mesma forma que outrora consumiram Jonas, engolido por uma baleia. Só podemos viver do amanhecer ao pôr do sol, um dia após outro. Sem amanhã, seria pesado demais.

De repente, sem aviso prévio, um canto de pássaro, um raio de sol, o voo de uma andorinha nos afaga o coração. E assim, um sorriso efêmero, uma música ao longe nos comovem. Lentamente, feito sonâmbulos, saímos do túnel, e reassumimos novamente o nosso lugar na vida. Objetivamente falando, nada mudou, mas tudo é diferente, mais intenso, mais precioso, sobretudo. Ao longo da travessia do túnel perdemos aquela nossa velha reivindicação orgulhosa de que tudo nos é devido. E esta humilde alegria de viver torna-se prenúncio de nosso renascimento.

Théa Schuster

O que este texto lhe inspira?

....

....

....

....

....

Ter razão: uma droga pesada?

O testemunho de Roger

"Eu ia regularmente a uma livraria esotérica onde frequentemente comprava livros. Um dia, fiz uma pergunta ao livreiro. Uma coisa foi levando a outra, e assim iniciamos uma discussão sobre os caminhos espirituais mais eficazes. Eu sustentava que era a alquimia, ao passo que ele afirmava que se tratava do tantrismo...

Argumentávamos alternadamente e o tom foi subindo. Em dado momento, percebi claramente que o livreiro não me ouvia mais e que ele estava de má-fé. Mas não estaria ele pensando o mesmo de mim? Ninguém queria ceder... Enervado, deixei a livraria, sem comprar livro algum (coisa rara!). Nunca mais botei os pés naquela livraria que me deixou uma péssima impressão...

Muitos anos depois, compreendi que falávamos da mesma coisa, não obstante com rótulos diferentes. Nós tínhamos discutido por questiúnculas... E ambos perdemos: eu perdi uma livraria, a livraria perdeu um bom cliente. E por quê? Justamente por querer ter razão..."

"Você prefere ter razão ou ser feliz? Você não pode ter os dois!"

Anônimo

Questões:

O que esta história lhe inspira?

. . . .

O que você faz para evitar as ciladas do futuro?

. . . .

Ter razão ou ter resultados?

Faça uma lista de tudo o que você perdeu (amor, amizade, relação, trabalho, dinheiro, energia, alegria, tempo...) por querer ter razão...

Pessoa(s)	Tema de discussão	Consequência/perda
Ex-cônjuge	Política	Conflito seguido de ruptura

TESTE SOBRE AS SOLUÇÕES DO CONFLITO

(várias respostas possíveis)

1) Para prevenir um conflito com alguém, é preciso:

☐ Identificar as necessidades do outro

☐ Identificar as próprias necessidades

☐ Saber o que o outro quer

☐ Saber o que eu quero

☐ Conhecer as fraquezas do outro

☐ Conhecer as próprias fraquezas

☐ Comer cinco frutas e legumes por dia

☐ Conhecer os direitos do outro

☐ Conhecer os próprios direitos

☐ Conhecer o outro

☐ Conhecer-se a si mesmo

☐ Ser racional

2) Para conter o conflito, é necessário saber:

☐ Afirmar-se

☐ Negociar

☐ Comunicar-se

☐ Questionar

☐ Calar-se

☐ Largar de mão

☐ Descodificar as emoções do outro

☐ Sentir as próprias emoções

☐ Saber a hora de retirar-se

☐ Colocar-se no lugar do outro

☐ Não se importar

☐ Provar que o outro está errado

☐ Encurralá-lo/incriminá-lo

☐ Analisar a situação

☐ Apelar para uma terceira pessoa

☐ Gritar/falar mais alto

☐ Tomar distância

3) Quanto tempo é necessário para conter um conflito?

☐ Alguns meses

☐ Alguns dias

☐ Algumas horas

☐ Alguns minutos

☐ Depende das pessoas

☐ Depende do conflito

☐ Às vezes, é impossível

☐ Um certo tempo

☐ Uma semana... voando em um balão

4) Para resolver um conflito é necessário intervir...

- ☐ Quando for possível
- ☐ No calor do momento
- ☐ O quanto antes possível
- ☐ Friamente
- ☐ O mais tarde possível
- ☐ Na décima sexta hora (do chá)
- ☐ A partir do momento em que tomamos consciência
- ☐ Antes que seja tarde demais

5) Seus filhos estão em conflito: O que você faz?

- ☐ Deixa que eles se virem
- ☐ Faz justiça
- ☐ Intervém imediatamente
- ☐ Assume a neutralidade
- ☐ Assume o controle da situação
- ☐ Resolve a situação
- ☐ Admoesta-os
- ☐ Faz um sermão
- ☐ Oferece-lhes luvas de boxe

6) Para negociar, é necessário:

- ☐ Conhecer o próprio objetivo
- ☐ Focar no outro
- ☐ Ficar neutro
- ☐ Ficar sóbrio
- ☐ Definir um quadro
- ☐ Distanciar-se da situação
- ☐ Buscar o ponto comum
- ☐ Encontrar as falhas
- ☐ Propor
- ☐ Questionar
- ☐ Colocar-se no lugar do outro
- ☐ Ficar na sua

7) As questões que permitem administrar o conflito:

☐ O que o outro quer?

☐ O que eu quero?

☐ Qual é a sua necessidade?

☐ Qual é a minha necessidade?

☐ Quais são os seus direitos?

☐ Quais são os meus direitos?

☐ Qual é a idade do capitão?

☐ Como conciliar tudo?

☐ Qual é o nosso interesse comum?

☐ A que horas vamos comer?

Respostas ao questionário sobre as soluções do conflito

1) Para prevenir um conflito com alguém, é preciso:

Todas as respostas são exatas, exceto "comer 5 frutas e legumes por dia" e "ser racional" (as pessoas racionais têm tantos ou mais conflitos quanto as outras).

Todas estas respostas podem ser situadas em dois grupos:

- conhecer-se a si mesmo (suas necessidades, saber o que se quer, conhecer as próprias falhas, conhecer os próprios direitos);

- conhecer o outro ou os outros (identificar suas necessidades, saber o que eles querem, conhecer suas falhas, conhecer seus direitos).

2) Para conter um conflito, é necessário saber:

As boas respostas são (por ordem de eficácia): colocar-se no lugar do outro, tomar distância, saber calar-se, descodificar as emoções do outro, sentir as próprias emoções, comunicar-se, negociar, afirmar-se, largar de mão, saber a hora de retirar-se, apelar para uma terceira pessoa, analisar a situação;

As respostas ruins são: provar que o outro está errado, encurralá-lo/incriminá-lo, gritar/falar mais alto, não se importar.

3) Quanto tempo é necessário para conter um conflito?

• Isso depende evidentemente das pessoas e do conflito.

• Geralmente podemos contê-lo em alguns minutos ou em algumas horas.

• Mas, às vezes (em certos casos), é impossível.

4) Para resolver um conflito é necessário intervir...

• O mais rápido possível (a partir do momento em que tomamos consciência) e antes que seja tarde demais.

• Mas, às vezes, é preciso esperar (uma hora, um dia) para que a pressão diminua, e assim retomar a discussão mais tranquila e friamente.

5) Seus filhos estão em conflito: O que você faz?

• Tudo depende do risco que os filhos correm... Mas, se você quer educá-los (ensiná-los a administrar seus conflitos), melhor é guiá-los (sem tomar partido) ou deixá-los se virarem sozinhos (se o risco é baixo).

• Todas as outras respostas (fazer justiça, resolver a situação, admoestar, dar um sermão) são intervencionistas. Elas param o conflito, mas sem regrá-lo, sem fazer com que as pessoas evoluam. Além disso, você pode passar por injusto(a).

• "Oferecer-lhes luvas de boxe" é a resposta mais delirante.

6) Para negociar, é necessário:

• Todas as respostas são corretas, exceto "encontrar as falhas" e "ficar sóbrio".

• Você deve, pois, conhecer seu objetivo e concentrar-se nele, permanecer neutro, definir um quadro e distanciar-se dele, buscar o ponto comum com o outro, questionar, propor, colocar-se no lugar do outro (empatia) e ficar na sua.

7) As questões que permitem administrar o conflito:

• Todas são úteis, exceto "qual é a idade do capitão?" e "a que horas vamos comer?"

As soluções para acalmar alguém

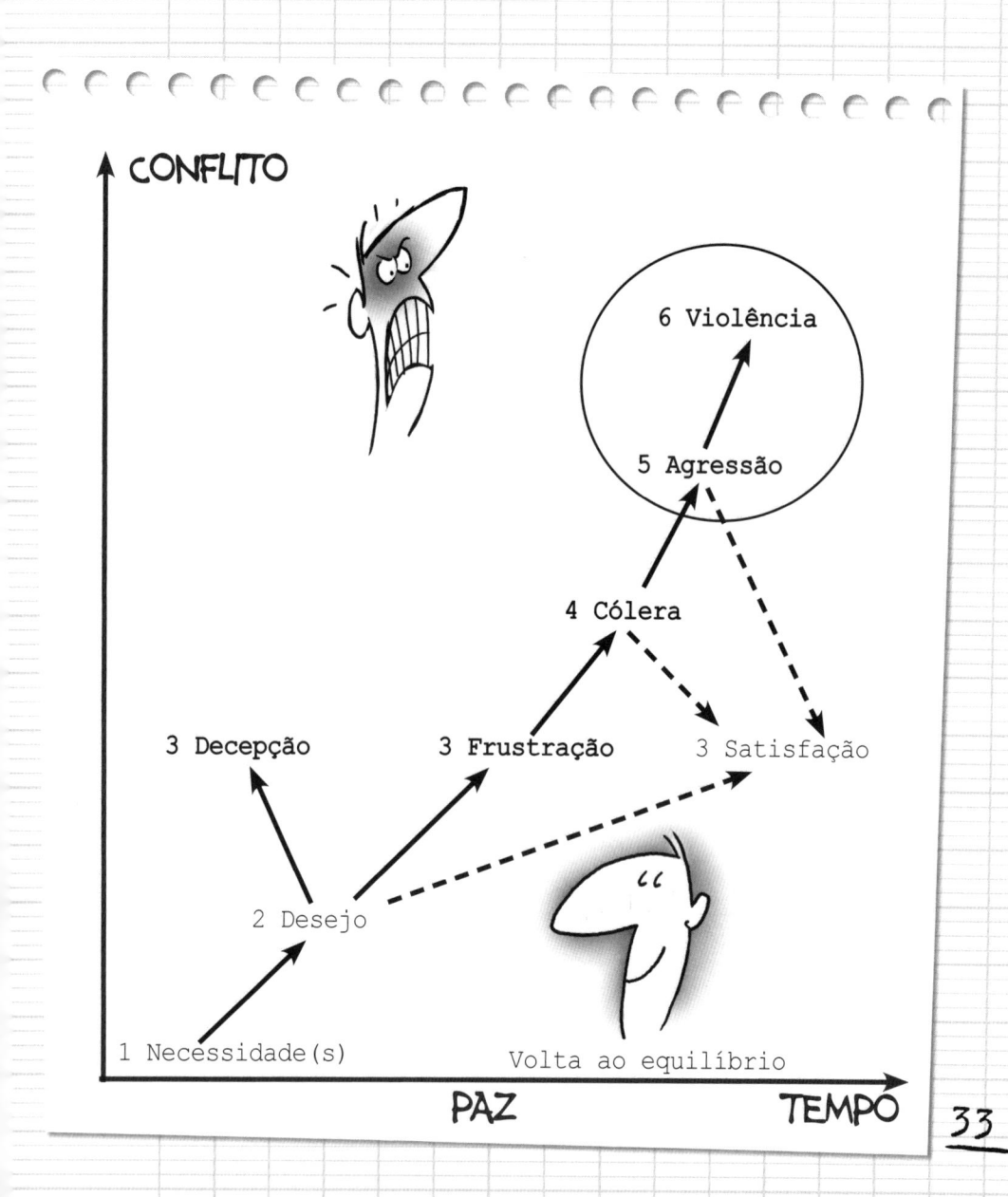

Exercício: Como acalmar alguém?

Encontre o máximo de soluções adaptadas a cada etapa do esquema da página precedente.

Etapas	Soluções
Todas as etapas:	
1) As necessidades:	
2) Os desejos	
3) A frustração:	
4) A cólera:	
5) A agressividade	
6) A violência:	

As soluções para acalmar alguém
(etapa por etapa)

Etapas	Soluções
Todas:	· Calar-se/escutar
	· Questionar "de cima para baixo"
	· Ressentido? Desejo? Necessidade?

1) As necessidades

Levá-las em conta

· Identificá-las

· Fazer expressá-las

· Reconhecê-las e aceitá-las

· Satisfazê-las

2) Os desejos

Levá-los em conta

· Identificá-los

· Propor uma solução

· Fazer expressá-los

· Reconhecê-los e aceitá-los

· Voltar ao desejo

3) A frustração

Levá-la em conta

· Fazer exprimi-la

· Valorizá-la

· Reconhecê-la e aceitá-la

· Voltar ao desejo

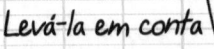

4) A cólera

Levá-la em conta

· Fazer exprimi-la
· Reconhecê-la e aceitá-la
· Voltar ao desejo

5) A agressividade

Canalizá-la

· Fazer exprimir a cólera
· Advertir e recusar a violência
· Voltar ao desejo
· Interpretá-la

6) A violência

Fracioná-la

· Fazer exprimir a cólera
· Afirmar-se: recusar a violência
· Voltar ao desejo
· Ameaçar de sanções
· Exprimir a compreensão

"Em briga de marido e mulher, o único que escuta atentamente a versão de cada cônjuge é o locatário do apartamento contíguo."

Anônimo

"Em todo conflito, nenhuma solução é possível se cada um dos adversários for incapaz de levar seriamente em consideração o ponto de vista do outro."

Bruno Bettelheim

Exercício para administrar sua frustração

1) Escolha um conflito não resolvido com alguém:

....

2) No plano intelectual, tome consciência:

- de todo o processo em geral (TPI... cólera)

- de seu caso particular (este pensamento, esta emoção)

- redescenda o processo (da consequência à TPI)

- transforme o seu pressuposto (inconsciente) em exigência (consciente)

- transforme sua exigência (absoluta) em desejo (relativo)

3) No plano relacional, diga à pessoa:

- (todas) as emoções que sente: *Estou frustrado! Eu te quero! Eu me sinto triste, para baixo? Tenho medo! Estou com raiva de ti...*

- uma pergunta à pessoa implicada

4) No plano material/situacional:

- transforme seu desejo (passivo) em pergunta (ativa): *Você poderia me tranquilizar?!*

- negociar este desejo: *O que posso fazer para que você seja fiel a mim?!*

- busquem e encontrem soluções novas

- concluam por um novo pacto, comprometendo-se em exprimir toda dificuldade

- sejam agradecidos um ao outro

Exercício: faça uma crítica (justificada)

1) Escolha uma crítica que você gostaria de fazer a alguém.

....

2) Deixe claro o que você espera agora dessa pessoa.

....

3) Previna-a um pouco antes.

....

4) Tome-a à parte (nunca critique em público).

....

5) Comece por um elogio para "desobstruir o caminho".

....

6) Recorde-lhe os fatos objetivos sem julgá-la.

....

7) Explique-lhe em quê seus atos lhe fizeram mal.

....

8) Expresse-lhe sua crítica de maneira condicional.

....

9) Faça sua pergunta no presente ou no futuro.

....

10) Escute sua resposta (sem interrompê-la).

....

Diga sempre EU (evite o TU e o NÓS)

A assertividade

Segundo **Dominique Chalvin**, o pai da assertividade, existem 3 (ou 4) grandes formas de comunicação em situação conflituosa:

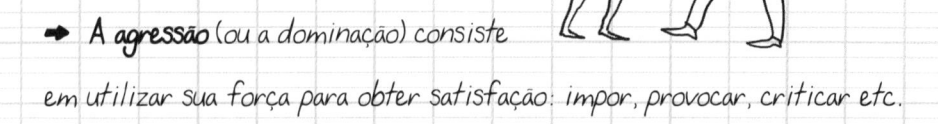

➡ **A agressão** (ou a dominação) consiste em utilizar sua força para obter satisfação: impor, provocar, criticar etc.

➡ **A manipulação** significa influenciar indiretamente (sorrateiramente) o outro, de tal forma que ele faça o que eu quero deixando-o acreditar que ele é livre, utilizando a mentira, a chantagem ou a culpabilização.

➡ **A fuga** (e a submissão) consiste em evitar o conflito e assumir uma posição "baixa" em uma relação de forças, por medo da confrontação (dificuldade de dizer não, culpabilidade).

➡ **A autoafirmação** consiste em exprimir francamente seus desejos, sentimentos e opiniões sem agredir o outro...

➡ As três primeiras atitudes permitem obter resultados... a curto prazo e ao preço de tensões ou de conflitos ulteriores.

➡ A agressão (ou a dominação) gera automaticamente agressividade e desejo de revanche ulterior.

➡️ A manipulação pode parecer mais suave, mas sua descoberta engendra a perda de confiança, o conflito ou a ruptura.

➡️ A fuga nunca resolve nada: cedo ou tarde o confronto torna-se inevitável.

Sozinha, a autoafirmação permite estabelecer relações sadias e limitar ou resolver mais facilmente os conflitos.

QUESTIONÁRIO DE ASSERTIVIDADE

Instrução: para cada ação, atribua sinceramente uma nota compreendida entre 0 (impossível) e 4 (evidente).

Nota:

1) Fazer alguém mudar de ideia   .....
2) Proibir o fumo, o álcool ou outra coisa etc.   .....
3) Estar à vontade com as críticas e as reprovações   .....
4) Exprimir meu desacordo em grupo   .....
5) Fazer respeitar as regras e as leis   .....
6) Assumir a palavra ou falar em público   .....
7) Ir para uma noitada sem conhecer ninguém   .....
8) Fazer teatro ou improvisar   .....
9) Solicitar um serviço a alguém   .....
10) Fazer uma crítica ou uma reprovação   .....
11) Exprimir minhas emoções ou minha decepção   .....
12) Recusar-me a obedecer a uma ordem absurda   .....
13) Falar de minha vida íntima (sexual) facilmente   .....
14) Exigir o respeito por ter-me engajado em alguma coisa   .....
15) Ordenar um comportamento não respeitoso   .....

16) Exigir o que me é devido (dinheiro, serviço, objeto emprestado...) . . . . .

17) Exigir um reembolso justificado . . . . .

18) Denunciar um predador ou um comportamento tóxico . . . . .

19) Estar à vontade em qualquer lugar . . . . .

20) Recusar-me a receber um importuno (vendedor, um conquistador etc.) . . . . .

21) Fazer e aceitar um elogio . . . . .

22) Pedir dinheiro a qualquer um . . . . .

23) Recusar-me a fazer alguma coisa de desagradável . . . . .

24) Pedir um aumento ou uma promoção . . . . .

25) Trocar ou negociar um produto . . . . .

Total: . . . . .

Interpretação de sua pontuação:

0 > 25 – Você carece totalmente de assertividade e provavelmente de confiança em si mesmo.

26 > 50 – Você carece um pouco de assertividade e talvez de confiança em si mesmo.

51 > 75 – Você tem um comportamento equilibrado, ao mesmo tempo assertivo e respeitoso.

75 > 100 – Você se afirma demasiadamente e carece provavelmente de escuta, de altruísmo ou de sentido do outro.

Os diferentes cenários

Nós ainda não evocamos os diferentes cenários do conflito. O que importa é menos o objeto do conflito do que os protagonistas implicados.

Eis os diferentes cenários:

Conflito interior (conosco mesmos): é um conflito que quase sempre encontra sua resolução em uma decisão ou em uma escolha.

· Conflito no qual você está implicado com alguém.

41

· Conflito no qual você não está implicado.

Ora, estes três casos são completamente imbricados:

· Quando está em conflito interior, você busca atrair ou desencadear automaticamente um conflito (exterior) com alguém.

· Quando você não consegue resolver um conflito com alguém, apela automaticamente para um terceiro: você lhe pede ajuda ou sua opinião, ou você se queixa do outro...

Este fenômeno se exerce em dois sentidos: se um de seus próximos (um adolescente, por exemplo) não está bem consigo mesmo, é provável que ele crie um conflito com você (ou com outra pessoa).

Se essas duas pessoas não conseguem administrar seu conflito, uma delas (senão as duas) vai lhe pedir ajuda...

O triângulo dramático (AT)

Segundo Stephen Karpman (um pesquisador em Análise Transacional = AT), podemos explicar quase todos os conflitos a partir do triângulo dramático. Este modelo comporta

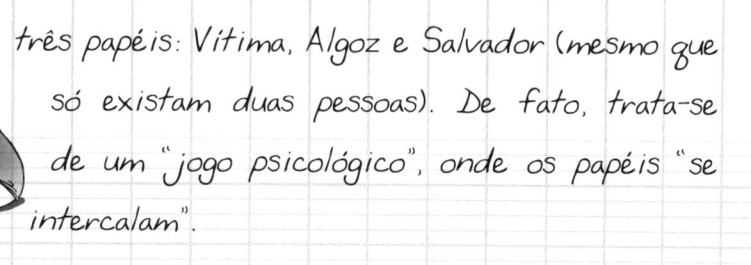

três papéis: Vítima, Algoz e Salvador (mesmo que só existam duas pessoas). De fato, trata-se de um "jogo psicológico", onde os papéis "se intercalam".

Exemplo: A se queixa (Vítima) a B (que se torna Salvador) de uma pessoa C (que se torna Algoz). B desperdiça seus conselhos a A, que os rejeita sistematicamente ("sim, mas...") e acusa (Algoz) e rejeita a falta sobre C (Vítima) e lhe propõe a desenrascar-se (Salvador) sozinho.

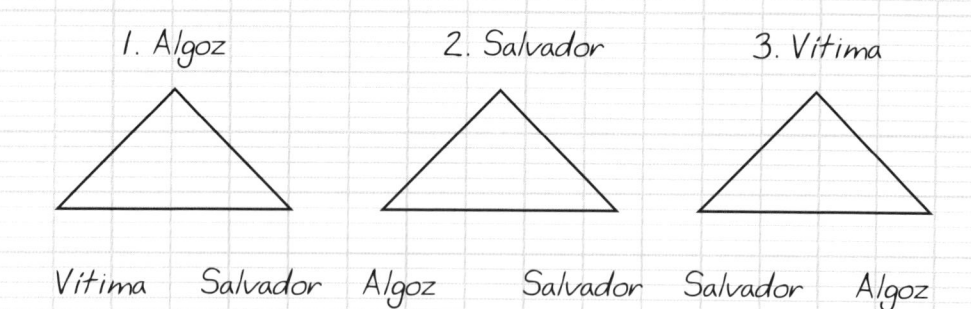

1. Algoz

Vítima — Salvador

2. Salvador

Algoz — Salvador

3. Vítima

Salvador — Algoz

Aplicação: na gestão de conflitos, qual(quais) papel(papéis) você tende a exercer?

Podemos (mais ou menos facilmente) desarmar um conflito explicando aos protagonistas o jogo ao qual se entregam...

Mas a melhor maneira de administrar um conflito é não fazer parte dele: reflita antes de agir como Salvador...

43

Exercício: identifique os papéis que você exerce

Para cada conflito, anote o(os) papel(papéis) que você exerceu.

Conflito com	Vítima	Algoz	Salvador

Conclusão: Existe um papel dominante? Qual?

....
....
....
....
....

Os quatro tipos de relações

1) **Dominação**: é a comunicação de Neandertal, do "forte" e dos bárbaros. Ela é baseada na violência (relação de forças): impor, criticar, insultar, desvalorizar...

2) **Manipulação**: é a comunicação do "fraco". Ela influencia indiretamente enganando, mentindo (por omissão), escondendo o desejo, culpabilizando ou fazendo chantagem...

3) **Influência** (ou afirmar-se): é a comunicação entre adultos "iguais" e responsáveis: propor, dispor, negociar, seduzir... Ela é "sadia" e clara.

4) **Fuga**: é a recusa da comunicação e/ou da confrontação. Ela geralmente é um sinal de fraqueza, mas às vezes é a única maneira de sobreviver... diante de um predador. Cada uma dessas relações pode tornar-se tóxica. Neste caso, ela é desequilibrada e provoca desequilíbrio (cf. **Se libérer des relations toxiques**. Studyrama).

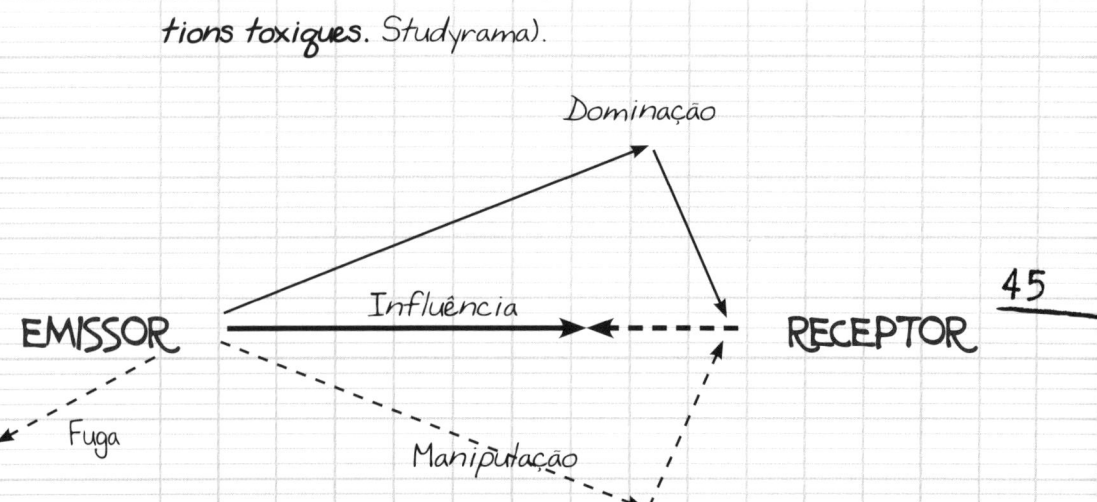

Dominação

EMISSOR — Influência — RECEPTOR

Fuga

Manipulação

Exercício: identifique suas relações

Indique a natureza de suas relações com cada um de seus próximos

Relação com	Dominante ou dominado	Manipulador ou manipulado	Influência recíproca

A comunicação EU

O método ESPERE

Segundo Jacques Salomé, que simbolizava a relação por um cache-col, "em uma relação, cada um é responsável por sua parte", nem mais nem menos. Esta responsabilidade é traduzida concreta e simplesmente através dos pronomes utilizados ao falar:

· **O agressor**/o dominador quase sempre utiliza o TU ("comunicação corneta") ou o VÓS. Isto significa falar **sobre** o outro e não ao outro.

· **O manipulador** utiliza frequentemente a expressão AS PESSOAS/FALA-SE ("comunicação orangotango"). Isso significa falar no lugar dos outros (e não em seu nome). É uma forma de fusão ou de confusão.

· **A autoafirmação** consiste em utilizar o EU, que é a única maneira de falar de si ao outro.

Questões:

• O que este método lhe inspira?

. . . .

• Você renunciou ao TU(VÓS) e ao AS PESSOAS/FALA-SE?

. . . .

• O que o impede de fazê-lo?

. . . .

• O que você poderia fazer para utilizar este método?

. . . .

O método Gordon

O Doutor Thomas Gordon, três vezes Nobel da Paz, desenvolveu esta abordagem nos Estados Unidos, nos anos de 1950. Ela inspirou a Comunicação Não Violenta (CNV). Segundo Gordon, devemos abordar todos os conflitos sob o ângulo "vencedor-vencedor". Para tanto, é preciso conjugar três ferramentas:

- a mensagem EU (na qual se inspirou Jacques Salomé);

- a escuta ativa (baseada na empatia de Carl Rogers);

- a satisfação mútua das necessidades (influência de Maslow).

- Além disso, ele recomenda evitar os 12 tipos de "mensagens perigosas": a ordem, a ameaça, o moralismo, o sermão, o conselho, a crítica, a bajulação, o apaziguamento, a análise, o julgamento, a questão (enviesada) e a ironia.

Questões:

• O que este método lhe inspira?

....

• Durante um conflito, você utiliza a escuta ativa? Você é empático?

....

• Você renunciou aos 12 tipos de "mensagens perigosas"?

....

• Você identifica suas necessidades e as do seu interlocutor?

....

As necessidades e os desejos

O que é uma necessidade?

Em sentido estrito, a necessidade é **uma carência interior natural e universal**. De fato, como todos os seres vivos, nós estamos em equilíbrio instável e sentimos uma carência (de alimento, de energia, de amor, de consideração...) ou um excesso (de energia, de amor...). A expressão "ter necessidade de alguma coisa ou de alguém" é uma exageração que valoriza o ressentimento interno ("É necessário que eu tenha ou que eu faça isto ou aquilo...").

Qual é a diferença entre necessidade e desejo?

· As necessidades são imperiosas, insubstituíveis, internas.

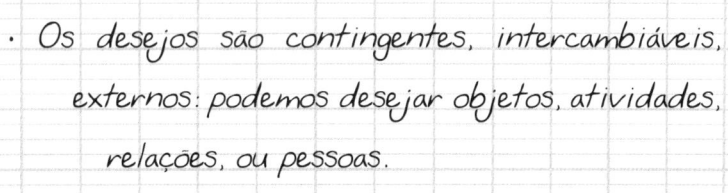

· Os desejos são contingentes, intercambiáveis, externos: podemos desejar objetos, atividades, relações, ou pessoas.

Ex.: Tenho sede (necessidade), tenho vontade (desejo) de saborear um sorvete.

Ex.: Tenho a necessidade de ser reconhecido e quero um aumento.

Ex.: Tenho a necessidade de ser amado e quero uma relação contigo...

49

Quantas necessidades existem?

Difícil de responder (com certeza), pois existem vários modelos: a pirâmide de Maslow, as 14 necessidades de Virginia Handerson, o modelo de Manfred Max-Neef e... o nosso.

Em nossa opinião, existem 12 tipos de necessidades que se opõem duas a duas segundo o modelo do balanço. Para maiores informações, leia nossa obra **Clin d'œil sur les besoins** (Juvence).

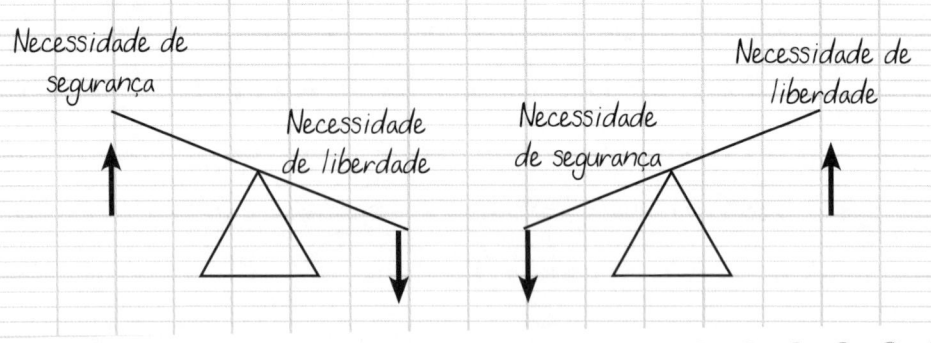

Exercício: determine as suas necessidades

" Todo conflito é a expressão trágica de uma necessidade insatisfeita."

Anônimo

Determine as suas necessidades dominantes atuais:

- Necessidades fisiológicas **ou** intelectuais e espirituais?
- Necessidades de segurança **ou** de liberdade?
- Necessidades de pertença **ou** de realização?
- Necessidades de estimulação **ou** de ordem?
- Necessidades de comunicação **ou** de solidão?
- Necessidades de reconhecimento **ou** de controle?

Detalhamento das necessidades

Necessidades fisiológicas

• Respirar, beber, comer, descansar, fazer amor, mover-se...

Necessidades de segurança

• Material, financeira, profissional, intelectual, relacional

Necessidades de pertença

• Étnica (família, região, povo), ou outra (clube, religião, partido)

Necessidades de estimulação

• De estresse, de excitação, de mudança, de descoberta, de atuação, de desafios

Necessidades de comunicação

• Amar e ser amado (amor, amizade, respeito), intercambiar/estar em relação

Necessidades de reconhecimento

• Sentir-se importante, valorizado, único, útil (indispensável), orgulhoso de si

Necessidades intelectuais e espirituais

• Informar-se, aprender, compreender, dar um sentido à sua vida, estar em contato com o sagrado

Necessidades de liberdade

• Decidir e fazer coisas em relação a si, escutar/respeitar suas necessidades e desejos

Necessidades de realização

• Usar o próprio potencial, criar, afirmar-se, progredir, superar-se, ter um objetivo

Necessidades de ordem

• De estabilidade, de clareza, de paz, de calma, de harmonia, de equilíbrio

Necessidades de solidão (encontrar-se)

• De solidão, de tempo para si

Necessidades de controle (sentir-se seguro)

• As coisas, as pessoas e si mesmo

Duas maneiras de perguntar: O DESC e a CNV

Eis duas técnicas de autoafirmação muito próximas, o DESC (gabinete, em inglês fonético) e a CNV, que permitem evitar ou resolver conflitos, fazendo perguntas claras.

O DESC

É um método em quatro etapas simples:

1) Descrever os fatos o mais precisamente possível.

2) Expressar seu sentimento ou suas emoções decorrentes.

3) Solução: propor uma ou várias.

4) Consequências (positivas): mostrá-las e "vendê-las".

Exemplo:

1) Você se comprometeu a fazer este trabalho... e não o fez!

2) Estou extremamente decepcionado, não me sinto respeitado (e minha confiança em você foi duramente abalada).

3) Eu lhe proponho que faça esta semana aquilo no qual você estava engajado (ou outra coisa equivalente por mim).

4) Assim, eu me sentirei novamente bem (alegria, confiança), cessarei de criticá-lo e nossa relação se apaziguará.

Questão:

Com quem você pode/vai utilizar este método?

· . . . .

· . . . .

A CNV (Comunicação Não Violenta)

Segundo Marshall Rosenberg, aluno de Carl Rogers, podemos e devemos construir as relações sobre a benevolência e a empatia.

1) **Observação**: absorver (e escrever) a situação o mais objetivamente possível.

2) **Sentimento**: exprimir os sentimentos em relação.

3) **Necessidade**: esclarecer (e exprimir) sua necessidade.

4) **Pergunta**: fazer uma pergunta sempre que possível aberta para ser respondida.

Exemplo:

1) Você se engajou a fazer este trabalho... e não o fez!

2) Estou extremamente decepcionado, eu não me sinto respeitado ou perdi a confiança em você.

3) Tenho necessidade de ser protegido, de me sentir respeitado.

4) Eu lhe proponho que faça esta semana aquilo no qual você estava engajado (ou outra coisa equivalente por mim).

Questões:

Você prefere o DESC ou este último método?

Com quem você pode/vai utilizá-lo?

53

• . . . .

• . . . .

• . . . .

A semântica geral

A CNV repousa sobre a capacidade de distinguir os fatos dos sentimentos. Mas esta distinção não é tão evidente quanto parece... Por outro lado, você vai verificá-lo fazendo o teste da próxima página.

Alfred Korzybski clarificou a relação entre as palavras e as coisas. Deste modo, ele criou a semântica geral, que é um dos pilares da PNL (Programação Neurolinguística).

· As descrições de fatos (chove) são objetivas, observáveis, verificáveis, incontestáveis, ponderáveis (aqui e agora) e frequentemente mensuráveis (quantitativamente).

· Os julgamentos e interpretações (ex.: chove muito) são parciais, subjetivos, não verificáveis, contestáveis, geralmente vagos ou aproximativos (qualitativamente).

> *"Os fatos são neutros, nossas reações... jamais!"*

É porque interpretamos os fatos que reagimos emocionalmente de maneira tão intensa:

Fato	Interpretação	Reação emocional
Ele me empurra	› O fez de propósito	› Estou enervado

Exercício: distinga os fatos dos sentimentos

Assinale a boa resposta: Fato   Julgamento

1) Veneza é a cidade mais romântica   ☐   ☐

2) O comunismo é uma teoria inaplicável   ☐   ☐

3) A discriminação da mulher na empresa   ☐   ☐

4) Todas as viagens são (mais ou menos) perigosas   ☐   ☐

5) O sumério é uma língua indecifrável   ☐   ☐

6) O asseio lendário dos suíços   ☐   ☐

7) Os jovens de hoje não respeitam mais nada   ☐   ☐

8) Os objetivos do governo são irrealizáveis   ☐   ☐

9) O cristianismo é uma utopia que teve sucesso   ☐   ☐

10) O Papa João Paulo II era muito popular   ☐   ☐

11) A Austrália é o destino mais longínquo   ☐   ☐

12) Os mais velhos são descartados em um recrutamento   ☐   ☐

13) A segurança nuclear é impossível de ser garantida   ☐   ☐

14) Os desempregados são regularmente estigmatizados   ☐   ☐

15) Che Guevara é um herói... contestado hoje   ☐   ☐

16) As mulheres são diferentes dos homens   ☐   ☐

17) Faz muito frio na Rússia   ☐   ☐

18) Não podemos viver com o SMIC   ☐   ☐

19) O macarrão é a sobremesa preferida dos franceses   ☐   ☐

20) O maior edifício se encontra em Dubai   ☐   ☐

21) A beleza de uma atriz é indispensável   ☐   ☐

22) Nas férias, buscamos um clima tropical   ☐   ☐

23) Leonardo da Vinci foi um gênio polivalente   ☐   ☐

24) O paludismo é a doença mais mortal   ☐   ☐

Corrija o exercício: fatos/julgamentos

Todas as frases do exercício são julgamentos... Estes são sustentados:

• por adjetivos qualificativos (portanto, avaliativos): romântica, inaplicável, perigoso, indecifrável, legendário, irrealizáveis, popular, longínquo, impossível, estigmatizados, contestado, diferentes, frio, preferido, grande, indispensável, tropical, polivalente, primeiro, mortal;

• por advérbios: mais, menos, nada, muito, maior, regularmente;

• por nomes comuns, que escondem julgamentos: discriminação, asseio, utopia, segurança, herói, beleza, gênio;

• por verbos: respeitar, ter sucesso, descartar, impossibilitar.

Às vezes não é fácil dar-se conta disto, pois:

• temos a tendência de querer impor os nossos julgamentos aos outros e os apresentamos como (se fossem descrições de) fatos;

• quando o tema nos é muito caro (política, religião etc.), perdemos toda objetividade e distanciamento;

• comparamos a frase com nossa experiência, e se ela corresponde, deduzimos que se trata de um fato... Mas é um erro: um julgamento é um julgamento, mesmo se 99% das pessoas estão de acordo... A frase "Hitler é um criminoso" é um julgamento, mesmo se a maioria das pessoas a vejam como um fato. A prova: "criminoso" é um julgamento feito por um juiz... O fato é que ele mandou matar milhões e milhões de pessoas.

TESTE: VOCÊ SABE NEGOCIAR?

1) Quais são as regras da negociação?

- [ ] Bater primeiro, discutir depois
- [ ] Negociar imediatamente
- [ ] Não existem regras
- [ ] Negociar sobre os desejos unicamente
- [ ] Ficar no concreto
- [ ] Sair do quadro inicial
- [ ] Buscar a melhor solução possível
- [ ] Ficar neutro

2) Quais são as condições do êxito de uma negociação?

- [ ] Identificar o tipo de conflito
- [ ] Estar em posição de poder
- [ ] Hierarquizar as concessões
- [ ] Saber recuar
- [ ] Aplicar as cinco regras precedentes
- [ ] Impor-se desde o início
- [ ] Progredir metodicamente
- [ ] Comunicar-se bem
- [ ] Não existem condições
- [ ] Existem demasiadas condições

3) Quais são os instrumentos do negociador?

- [ ] As questões/reformulações
- [ ] As informações
- [ ] As proposições/concessões
- [ ] O blefe/a chantagem
- [ ] As objeções/argumentações
- [ ] As decisões
- [ ] A furadeira Black & Decker®
- [ ] A chantagem

4) Quais são os critérios do sucesso?

- [ ] O problema está resolvido
- [ ] Solução aplicável
- [ ] Obtenção do seu objetivo
- [ ] Solução justa
- [ ] Um acordo durável
- [ ] Isso depende
- [ ] A satisfação das duas partes
- [ ] A satisfação para mim
- [ ] Impressão de que "ganhamos"

Correção do teste: Você sabe negociar?

1) Quais são as regras da negociação?

Segundo Ury e Fisher, especialistas em negociação:

- Tratar os problemas afetivos antes de tudo
- Sair da paixão, ser concreto
- Negociar sobre os desejos unicamente
- Buscar a melhor solução possível
- Eventualmente, sair do quadro inicial

2) Quais são as condições de êxito de uma negociação?

- Identificar o tipo de conflito
- Hierarquizar as concessões
- Aplicar as cinco regras precedentes
- Comunicar-se bem
- Progredir metodicamente

3) Quais são os instrumentos do negociador?

- As questões/reformulações
- As informações
- As proposições/concessões
- As objeções/argumentações
- As decisões

4) Quais são os critérios do sucesso?

- O problema está resolvido
- Solução aplicável
- Solução justa
- Um acordo durável
- Satisfação das duas partes
- Impressão de que "ganhamos"

Os quatro acordos toltecas

É o título de um livro de Don Miguel Ruiz (Éditions Jouvence). Ele propõe quatro princípios de vida (dos quais três se referem à comunicação) que permitem evitar os conflitos ou detê-los. Você pode aplicá-los e fazê-los aplicar junto aos seus (familiares, amigos, colegas de trabalho).

Que sua palavra seja aplicável! Nunca use a palavra contra alguém: crítica, boato, insulto, mentira, provocação, zombaria etc.

Não negocie de maneira pessoal! Não assuma jamais as palavras ou os atos do outro "contra" você, emprestando-lhes intenções negativas a seu respeito, porque se trata sempre de reações defensivas.

Não faça nenhuma suposição! Você jamais sabe o que os outros querem, pensam ou sentem... enquanto não tiver perguntado, esclarecido ou verificado. Inversamente, sempre manifeste claramente seus desejos, para evitar os equívocos e as crises.

Faça sempre o seu melhor! Faça o que sua consciência lhe diz... agora. Depois vire a página. Esqueça a perfeição e peça aos outros que façam o mesmo!

Questões:

- O que lhe inspira este método?

....

- Você já o utiliza? Com quem?

....

- Caso contrário, com quem você vai utilizá-lo?

....

Os predadores

Suas características comuns são: a patologia, a imoralidade e a falta de interação social, a agressividade e a violência, a duplicidade, a enganação e a falta de respeito.

O objetivo deles é aproveitar-se de você: eles tomam sem nada dar (ou muito pouco) e vivem às suas custas. Eles se aproveitam de:

· seu corpo (prazer sexual): violações, proxenetismo, pedofilia, donjuanismo, "excitação" etc.;

· seus recursos (a exploração, a vigarice ou o roubo): dinheiro, bens materiais, energia, tempo e relações;

· seu poder (a submissão);

· sua imagem (eles "acabam" com você para se revalorizar);

· sua felicidade (eles a destroem);

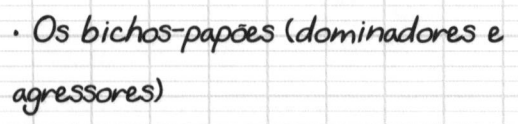

Os três tipos de predadores

· **Os bichos-papões (dominadores e agressores)**

Variantes: o "tirano", o explorador, o "vingador", o paranoico, o marginal, o sádico e o crítico

· **Os vampiros (manipuladores)**

Variantes: o guru, o vigarista, o vampiro, o provocador

• As sereias ("influenciadoras")

Variantes: a sedutora (inveterada), a depressiva, a dependente, a "doida"

E todas as misturas...

Para saber mais, leia nosso livro **Se libérer des relations toxiques** (Studyrama).

Exercício: identifique seus predadores

Pessoas	Bicho-papão	Vampiro	Sereia

Síntese das soluções:
(para conter um conflito)

Exercício: assinale as soluções que você já utiliza

Ouvir

☐ Calar-se e deixar o outro falar

☐ Deixar que ele "tenha razão" ou dê a última palavra

☐ Buscar compreender o seu ponto de vista

☐ Reformular o seu ponto de vista (para verificar)

☐ Aceitar sua cólera, sua agressividade (?), mas não sua violência

Tomar consciência

- ☐ de quem busca ter razão (o outro? eu? os dois?)
- ☐ dos custos desta "doença" relacional
- ☐ dos seus pressupostos
- ☐ da relatividade das coisas (desdramatizar)

Questionar o seu interlocutor

- ☐ Quais são suas necessidades ou seus desejos reais?
- ☐ O que ele sente?
- ☐ O que ele pensa (realmente)?
- ☐ O que ele quer (agora)?
- ☐ O que ele propõe?

Confortá-lo

- ☐ Reconhecer/reformular seu ponto de vista
- ☐ Reconhecer os próprios erros ou eventuais enganos
- ☐ Arrepender-se/pedir desculpas

Afirmar-se

- ☐ Exprimir o que você sente (emoções, sentimentos)
- ☐ Exprimir o próprio ponto de vista
- ☐ Exprimir as próprias necessidades, desejos e vontades
- ☐ Perguntar
- ☐ Propor uma solução
- ☐ Lembrar o objetivo/interesse comum
- ☐ Dizer "eu", evitar o "tu" e o "nós"

Mediar o conflito

- ☐ Apelar para um terceiro (árbitro mediador)
- ☐ Verificar quem realmente tem razão (quando for possível)
- ☐ Apostar (em caso de desacordo prolongado)

Fazer juntos

- ☐ Largar de mão
- ☐ Usar o humor (com precaução, sem ironia)
- ☐ Sorrir

Interromper

- ☐ Interromper a discussão (deixar para mais tarde)
- ☐ Partir
- ☐ Romper definitivamente a relação

Questões:

- O que lhe ensina este *check-up*?

....

- Quais soluções você vai testar no próximo conflito?

....

Em conclusão...

- O conflito é um processo que nos implica, apesar de tudo.
- É preciso, pois, intervir o quanto antes ("melhor prevenir...").
- Para tanto, você deve detectar os sinais anunciadores.
- Sua verdadeira causa é o ego, a TPI ou o desejo de ter razão.
- Seu motor é a frustração acumulada.

As soluções são múltiplas:

- Aprenda a administrar a sua frustração e a do outro.
- Aprenda a identificar as necessidades de cada um.
- Busque resultados e não ter razão.
- Escute e observe antes de falar.
- Questione e reformule.
- Autoafirme-se sem agredir o outro (assertividade).
- Diga EU, jamais TU/NÓS.
- Pratique os métodos ESPERE e Gordon.
- Pratique o DESC, a CNV e os quatro acordos toltecas.
- Identifique, evite e fuja dos predadores.
- Negocie quando possível, "vaze" quando é impossível negociar.
- Sorria quando a situação é desesperadora.
- E lembre-se:

63

> "A raça humana deve sair dos conflitos rejeitando a vingança, a agressão e o espírito de revanche. O meio de fazê-lo é o amor."
>
> Martin Luther King

Referências

De outros autores:

BERNE, É. *Des jeux et des hommes*. Payot, 1984.

CHALVIN, D. *L'Affirmation de soi*. ESF, 2011.

De La GARANDERIE, A. *Se respecter et respecter les autres*. Jouvence, 2008.

FAURE, J.-P. & GIRADET, C. *L'Empathie, le pouvoir de l'acueil*. Jouvence, 2003.

GORDON, T. *Relations efficaces*. Mirabout, 2011.

ROSENBERG, M.B. *Les mots sont des fenêtres*. Jouvence, 2004.

RUIZ, D.M. *Les 4 Accords toltèques*. Jouvence, 2005.

SALOMÉ, J. *Heureux qui communique*. Albin Michel, 2003.

STETTLER, O. & STETTLER, S. *Bien communiquer en couple*. Jouvence, 2004.

SAUCET, M. *La Sémantique générale aujourd'hui*. Le courier du livre, 1987.